Oosterhuis
Um Recht und Frieden

Huub Oosterhuis

UM RECHT UND FRIEDEN

Gebete im Jahreskreis

Patmos Verlag
Düsseldorf

Übersetzung:
Kees Kok (Gebete)
Michael Kuhn (Prosa)

CIP-Titelaufnahme der Deutschen Bibliothek

Oosterhuis, Huub:
Um Recht und Frieden : Gebete im Jahreskreis /
Huub Oosterhuis. –
Düsseldorf: Patmos Verl., 1989
ISBN 3-491-72211-X

© 1989 Patmos Verlag Düsseldorf
Alle Rechte vorbehalten
1. Auflage 1989
Umschlaggestaltung: Peter J. Kahrl, Neustadt-Wied,
unter Verwendung einer Bildvorlage von Waltraud Grießer
Gesamtherstellung: Bercker GmbH, Kevelaer
ISBN 3-491-72211-X

INHALT

*»Das Beten
als Einübung der Wünsche«*
ELIAS CANETTI

ÜBER BETEN

Freund

Alles entgrenzende,
alles durchdringende Weite,
Freiheit schaffende Freiheit.
Nie begonnener Anfang,
neu beginnend, hier und jetzt.

Waghalsig denke ich dich,
kraftlos ruft mein Verstand dich,
Ursprung meines Gewissens.
Undurchdringbare Nacht,
nicht hier, wüst und leer bist du.

Schweigender. Fußstapfen
neben mir, Schatten von Schultern.
Augen suchende Augen.
Maskenloser Freund,
wie hier jetzt erscheinst du mir.

1.

Ein Lied über Gott. »Freund«. »Gott ist Freund, wir
sind fremd«, schrieb der Mystiker und Dichter Eck-
hart im 13. Jahrhundert.
Die Erde wird im Jahr 2115 mit einem Asteroïden
von riesigen Ausmaßen zusammenstoßen, so meldet
ein russischer Gelehrter am Samstag, dem 15. Au-
gust 1987. Britische Astronomen haben die Bahn,

die ein vor vier Jahren entdeckter Asteroïd zurücklegen wird, berechnet. Diesen Berechnungen nach kreuzen die Bahnen der Erde und dieses Asteroïden einander 2115. »Wenn die Bahnen korrekt berechnet sind, dann steht die Menschheit vor zwei Alternativen, um sich zu retten: Wir müssen die Bahn des Asteroïden verändern oder ihn sprengen.«

Angenommen, es stimmt, daß dieser Asteroïde kommt – müßten wir dann nicht die uns noch bleibenden hundertsiebenundzwanzig Jahre mit aller Macht (»mit Mann und Maus«, sagt Achterberg*) beten, beten gegen die Felsen, gegen die Sterne, daß Gott diesen Zusammenstoß verhindern möge? Er wäre dazu imstande, meinen einige; aber vielleicht hat Er genug von dieser Erde und hatte es von Beginn an so geplant, daß im Jahr 2115 . . . und so weiter. Der Gedanke daran, daß so ein Gott bestehen könnte, so ein Eingreifer, behagt mir nicht. Und doch hat man diesem Gedanken lange angehangen und ihm nicht widersprochen. Der Plan, daß wir das Ding im All sprengen oder in eine andere Bahn bringen, behagt mir eher.

2.

Der, der in den biblischen Glaubensgeschichten »Gott« genannt wird, ist kein Eingreifer – es dauert einige Jahre deines Lebens, bevor du es einsiehst; durch ausdauerndes Studieren und Nach-Denken der Schrift (»fasten und beten«) ist es möglich, zu der Einsicht zu kommen, daß der Gott von Mose und Jesus ein anderer ist als der Gott der Philosophen und daß er nicht das Oberwesen ist, das in der Volksfrömmigkeit heidnischen Ursprungs als ein allmächtiger Regierer gefürchtet und dem gehuldigt wird.

Mit vielen anderen habe ich von einem Befreier – Schöpfer – Gott gehört, der diese Erde an die Menschen und die Menschen aneinander gegeben hat und es ihnen überläßt – denn einmal gegeben, ist für immer gegeben; der darum nicht eingreift, der keine Katastrophen schickt oder verhindert und der hier auf Erden Menschen nicht hilft, sie nicht tröstet, begeistert, begnadigt – denn durch Menschen. »Freiheit schaffende Freiheit« nennen wir diesen Gott.

Es ist etwas in Menschen, »etwas wie eine Stimme«, »jemand wie eine Stimme«, der sagt: »Sei frei, befreit einander, tötet nicht, macht leben«. Wer das in sich selbst hört und wer den Willen verspürt und manchmal sogar die Kraft, so zu leben, der hört die Stimme des Befreier – Schöpfer – Gottes. Es ist seine Stimme, die in dir spricht, es ist sein Wort, womit alles begonnen hat, »Licht«, das du in dir selbst erkennst, es wurzelt so tief in dir wie dein Lebensatem. Es ist in dich eingeschaffen; nenn es dein Gewissen: »Freiheit schaffende Freiheit – Ursprung meines Gewissens«.

Und es ist dieses Wort, dasselbe, das die Seele und der Lebensatem der biblischen Glaubenserzählun-

9

gen ist, des Buches von Mose und von Jesus. In diesem Buch spricht die Stimme, die auch in deinem Gewissen spricht. Und das, was deine Augen dort lesen, das spricht deine Stimme in dir, in deinem Herz, da, wo du fühlst und wählst und weißt, was dein Verstand vielleicht noch nicht weiß. Sie schlagen gemeinsam, dein Herz und das Buch, das »Tora« genannt wird.

Beten heißt: im Licht der Tora hinabsteigen in dich selbst, dorthin, wo dein Herz ist, dorthin, wo du die Stimme deines Gewissens hörst.

3.

Die Tora ist die Vision der Schöpfung und der Befreiung: diese Erde ein bewohnbarer Ort, Menschen in Frieden, eine Struktur der Gerechtigkeit, ein Klima der Liebe. Beten heißt: diese Vision vor Augen führen und dein Tun und Lassen und deine Triebfedern und Herzenswünsche an dieser Vision überprüfen. Die kürzeste Zusammenfassung der Tora, ihrer Bedeutung, ist gemäß den jüdischen Schrifterklärern (Jesus von Nazaret war einer von ihnen): »Liebe deinen Nächsten, der so ist wie du«. Und Beten heißt: dieses Wort nach-denken, mit-fühlen, ein-leben.

4.

In die biblische Glaubenserzählung, die viele und vielartige Dokumente beinhaltet, ist ein Buch mit

Gebetstexten aufgenommen, das Buch der Psalmen. Der erste Psalm beginnt folgendermaßen:

»Glück mit ihm, der nicht mitläuft
auf den Rat von Böswilligen,
nicht stillsteht bei Heimtückischen,
nicht in zynischer Gesellschaft tafelt,
sondern der,
Gottes Tora im Sinn,
sich Tag und Nacht besinnt auf die Tora.
Er ist so wie ein Baum,
gepflanzt zwischen Wasserströmen,
der Frucht trägt zu seiner Zeit
und Blatt, das nicht verdorrt.«
(nach Judith Herzberg*)

Beten heißt: deine Sinne auf Gottes Tora richten, dich auf diese Lebensschule besinnen. Man könnte auch übersetzen mit »die Worte kosten«, schmekken, sie so aufnehmen, daß sie dich ernähren, mit kleinen Zügen vom Wasser trinken, das durstig macht. »Kosten« läßt ein Bild entstehen: die Worte immer wieder sagen, sie mit den Lippen bilden, leise singen; um sie ganz kennenzulernen, alle Hinweise auf das Wort über die Liebe fühlen zu lernen, alle praktischen Folgen von diesem Wort einschätzen zu lernen. Alle Nuancen hören, belauschen, betrachten, einatmen, abwägen, befragen, ergründen, und zwar »Nacht und Tag«, wenn es schwarzfinster ist, wenn es hell ist, wenn das Leben schwerfällt und wenn es von selbst läuft; du darfst dich nie von ihm entfernen, bleib auf dem Weg dieser Worte, bleib bei deinem Befreier, wache und bete.

5.

»Wacht und betet«, sagt Jesus von Nazaret zu seinen Jüngern in der Nacht, in der er aufgegriffen wird, durch einen Freund verraten. »Wacht und betet, damit ihr nicht der Versuchung erliegt.« Damit du nicht verzweifelst? Nein, damit du nicht untergehst in deiner Verzweiflung.

Was ist »die Versuchung«? Die Versuchung ist, verzweifelt zu denken: Diese Erde wird niemals ein bewohnbarer Ort – Frieden? erlangen wir nicht; diese Vision? eine Illusion. Was heißt der Versuchung »erliegen«? Daß du erstickst in deiner Verzweiflung, daß du in ihr bleibst, in der Aussichtslosigkeit, daß du dich hinter aussichtslos erscheinenden Tatsachen verschanzt: »Schau doch, sieh doch, was Menschen tun«; und daß du hierauf eine Ideologie aufbaust oder eine Theologie: »Wir Menschen schaffen es nicht, aber Gott, er wird, wenn seine Stunde gekommen ist ...« Wenn du so den Untergang denkst, dann bist du der Versuchung erlegen. Jesus sagt demgegenüber: »Wacht und betet«. »Er ging einen Steinwurf weiter«, steht dann im Lukasevangelium, »fiel auf seine Knie und sprach: ›Vater, wenn es dein Wille ist, nimm diesen Becher von mir – aber nicht mein Wille geschehe, sondern der deine‹.« So hatte er seine Jünger beten gelehrt: ›Dein Wille ge-

schehe‹, oder ›dein Reich komme‹, oder ›dein Name
werde geheiligt‹.

Dieses Gebet (dein Name werde geheiligt, dein
Reich komme, dein Wille geschehe) heißt das »Vater
unser« und gilt als das typisch-christliche Gebet; es
möge so sein, es ist auf jeden Fall Wort für Wort ein
jüdisches Gebet – auch die Anfangsworte »Vater unser«, anders, als es so oft durch Christen behauptet
wird.

Das ist jüdische Gebetssprache im Geist des ersten
Psalms: Jesus betet um die Erfüllung der Tora, um
die Verwirklichung dieser Vision – Verwirklichung
durch wen? durch ihn selbst und seine Jünger, durch
uns, die wir so beten, durch wen sonst!

6.

Lukas hat sein Evangelium so komponiert, daß kurz
nach dem »Vater-Gebet« die »Parabel von der
Freundschaft« steht: Jemand hat einen Freund, der
in der tiefsten Nacht zu ihm kommt, an die Tür
schlägt, Brot will – was tust du dann? Du gibst es
ihm. Die Lehre der Parabel ist: So handeln Freunde
aneinander, das ist in einer Freundschaft möglich.
Und so darfst du auch an Gott handeln. Und so wie
du Brot gibst an deinen Freund, an deine Kinder, so
gibt er den heiligen Geist, wenn du ihn darum bit-
test, notfalls mit viel Klopfen.

Heiliger Geist, Atem der Heiligkeit, Lebenskraft,
Schöpfungs- und Befreiungskraft; der lange Atem

und die Geisteskraft, die notwendig sind, um die Tora-Vision zu verwirklichen, Kraft, um nicht zu erliegen.

Der heilige Geist ist wie tägliches Brot, es ist nicht möglich, ohne es leben. Das Wort der Tora wird Brot genannt, Speise und Trank, Lebensspeise – meine Speise und mein Trank ist es, den Willen zu tun, die Tora zu erfüllen von meinem Vater im Himmel, sagt Jesus im Evangelium des Lukas.

Beten um den heiligen Geist heißt beten, um die Tora zu vollbringen, das einzig Notwendige. So beten wir im Eucharistie-Gebet um »den Geist«, in diesen Worten alle denkbar möglichen Fragen und Bittgebete zusammenfassend und übersteigend.

7.

Deine Kräfte sammeln, dein Herz und deinen Verstand reorganisieren, deine Augen immer wieder neu einstellen auf das einzig Notwendige, das zu allererst gesucht werden muß, »das Königreich der Gerechtigkeit«, das ist beten. »Komm, heiliger Geist der Einsicht und der Tatkraft, vom Unglauben in das Schicksal; komm, Geist des Widerstands, damit wir uns niemals den Tatsachen beugen, selbst wenn wir sie nicht ändern können, noch nicht.«

Um dieses Gebet in sich selbst am Leben zu erhalten, tun Menschen die merkwürdigsten Dinge. Hungerstreik, vierzigtägiges Fasten. Aber auch Kerzen anzünden zum Zeichen, daß sie auf das Licht hoffen, auch auf ihr innerliches Licht; ihre Hände zum Himmel erheben, weil sie nach der Vision greifen; und flach sich auf den Boden legen, um die Erde mit ihrem eigenen Körper zu beschützen. Oder aber sie rutschen auf ihren Knien die Stufen einer Kathedrale hinauf, weil sie der Geringste im Reich sein wollen, wenn es nur kommt.

»Siebenmal um die Erde zu gehen
wenn es sein muß auf Händen und Füßen
siebenmal, um den einen zu grüßen
der da lachend zu warten wird stehen.«
(Zeilen von Ida Gerhardt*)

8.

Beten heißt also nicht, um alles zu bitten? Übrigens, das ist doch sinnlos, wenn Gott nicht eingreift. Oder? Nein, er greift nicht ein; aber er wirkt wohl auf dich ein, wenn du auf seinen heiligen Geist sinnst, wenn du dein Denken auf seine Tora richtest – seine Worte werden dich erneuern.

Und was das Fragen um alles betrifft: Beten um das Bestehen deiner Führerscheinprüfung gleicht verwöhntem Jammern. Aber bitten um die Heiligung eines todkranken Kindes? Er greift nicht ein. Aber er wirkt wohl auf uns ein – vielleicht läutert und erleuchtet uns so ein Gebet, um ohne Haß und Groll leben zu können, mit dem Tod in der Nähe.

Beten wird also nicht erhört?

Wer um den heiligen Geist betet, wird den heiligen

Geist empfangen. Das Lebenslicht nicht hassen; das Glück von anderen nicht vernichten, aus Rache; nicht töten, das ist heiliger Geist.

9.

Er hört, er sieht, er weiß, sagt die biblische Glaubenserzählung. »Wenn es doch wahr wär', daß du hörst«, »Vater, wenn es dein Wille ist ...« – die Redewendungen der Hoffnung, das Ahnen, nein, das Wissen der Unwissenheit, aber nichts ist bei Gott unmöglich. Das ist der Zwiespalt, der Abgrund der Psalmen, aus diesen Tiefen wird gerufen.

Solches Rufen ist unableitbar, es besteht. Kraftlos rufen, das ist wie ein Naturereignis. Wer es sinnlos oder sogar psychotisch findet, der wird vielleicht recht behalten, aber es läßt sich nicht leugnen. In den Psalmen ist das Echo dieses Rufens zu hören. Was wird aus der Tiefe gerufen? Schreie, verworrenes Zeug, mit einem Wort, ein unbeweisbarer Zuruf: Du.

Die Bibel ist die Erzählung über einen Gott, der Freund ist. »Und da sprach Mose mit Gott, von Angesicht zu Angesicht, so wie ein Mann mit seinem Freund spricht.« Ein Gott, bei dem du mitten in der Nacht an die Läden trommeln darfst; der Menschen aushält und sie nicht wie Fliegen von sich wegschlägt.

Die Autoren dieser Erzählung haben eine Beziehung konzipiert, »geschaut«, in der der eine den anderen

ganz und ohne Einschränkungen anrufen darf – und
der andere gibt unter diesen Anrufungen nicht nach.
Eine übermenschliche Beziehung? Ägyptische, baby-
lonische, griechische und germanische Götter lassen
nicht so mit sich umgehen. Wohl aber manche Menschen. In einem jüdischen, chassidischen Lied,
durch Martin Buber aufgeschrieben, wird der Raum
dieser Beziehung ausgelotet.

»Wohin ich auch gehe – Du!
Wo ich auch stehe – Du!
Immer nur Du, und wieder Du und immer Du!
Du, Du, Du!
Wenn es mir gutgeht – Du!
Wenn es mich schmerzt – Du!
Nur noch Du und nochmals Du und immer Du!
Du, Du, Du!
Himmel – Du! Erde – Du!
Oben – Du! Unten – Du!
Wohin ich mich auch wende, an jedem Ende
Nur noch Du und nochmals Du und immer Du!
Du, Du, Du!«

10.

Wie ist das zu verstehen? Vielleicht mit Hilfe einiger
Verse von Vasalis*. Sie spricht über »die Freiheit
einer großen Liebe / die Raum läßt für Verzweiflung,
für Zweifel und Verlust«. Und es muß etwas ähnli-
ches sein wie das, was Nadjezjda Mandelstam in ihrem Abschiedsbrief an ihren Mann Osip Mandel-

stam schreibt – sie hat ihn seit Jahren nicht mehr gesehen, sie sucht ihn, nichtwissend, ob er noch lebt,
und sie schreibt: »Ich denke den ganzen Tag, bei allem, was ich tue: für dich, für dich, für dich«.

* Zeitgenössische niederländische Dichter(innen)

NACHT UND TAG

Abendgebet

Laß mich in Frieden ruhen.

Daß ich mich im Dunkel
nicht verloren glaube.

Daß ich mich nicht an Träume
gefangen gebe.

Es komme ein neuer Tag.
Es komme dein Königreich.

Wenn über mich die letzte Nacht
gekommen ist,
wenn ich tot sein werde,
ein blinder Fleck
im Gedächtnis meiner Herzgeliebten:

Laß mich dann in dir geborgen sein,

laß nicht den zweiten Tod
über mich kommen.

Nachtgebet

Staub und Asche
verherrlichen dich nicht.
Du hast es nicht nötig,
daß ich sterbe.

Heile mich. Heile mich nicht.
Was nicht sein kann, kann nicht sein.
Heile mich von meiner Angst.

Ich habe noch so vieles nicht gesehn.
Es gibt Menschen, die ich liebe.
Ich kann es nicht glauben.
Warum hast du mich verlassen?

Sende den Engel
des letzten Trostes mir,
die Augen eines Menschen.

Verweigere mir
den einen Menschen nicht,
der sagt:
Hier bin ich.

Morgengebet

Wisch weg die Spuren der Nacht.
Verjag den Tod aus mir.

Mach mich heller
als der Tag, der erschienen ist.

Laß mich dich sehen,
der selbst erschienen ist,
eingehüllt in das Licht dieses Tages.

Daß ich beharrlich bin
in Erbarmen und Aufmerksamkeit.

Daß mich Schmerz und Sorgen
nicht abstumpfen.

Daß sich die Kraft zur Liebe
mir nicht versagt.

STILLE-GEBETE
FÜR ADVENT BIS EPIPHANIE

Erster Sonntag im Advent

Wende dich nicht ab.
Wenn du dich abwendest,
verwelkt die Erde,
flaut der Himmel ab.

Wende dein Auge nicht von uns ab.
Der du uns gekehrt hast zu dir,
daß wir mit unverhülltem Antlitz
dein Licht zurückstrahlen.

Doch versunken sind wir in saugendem Morast,
und unsere Füße finden keinen festen Boden.
Zertreten haben unsere Füße dein Wort,
zertrampelt deine Rechtssätze.
Verachtet haben wir die Namen der Geringsten,
all diese Verworfenen, deine liebsten Menschen.
Geschändet haben wir deine liebe Erde,
verachtet dein Bild, deinen Gleichen,
verleugnet deinen Namen.

Wir, diese Welt,
wir Erben von Raubbau und Gewalt –
die dies nicht wollen und doch
nicht imstande sind, das Los abzuwenden.

Und doch deine Menschen, von dir gemacht,
um diese Erde zu behüten:
Überlaß uns nicht unserer Erschütterung,
erwecke unser Gewissen,
erleuchte unseren Verstand.

Der du gesagt hast,
daß du nie fahren läßt
das Werk deiner Hände:
Beschäme uns nicht.

Gesegnet, der du uns erweckst und nicht entwertest.
Gesegnet du für dein Wort,
das uns entlarvt, doch nicht vernichtet.
Gesegnet du für deine Achtung vor Menschen,
und daß du auf uns deine Hoffnung gesetzt hast,
daß du auf uns deine Augen gerichtet hältst.

Laß nahe kommen
dein Wort von Befreiung.

Zweiter Sonntag im Advent

Du allein, niemand sonst.
Von dir ist die Erde,
von dir der unfruchtbare Schoß,
das ängstliche Herz.

Kein anderer ist König und Herr
als du, der hinabsteigt, um zu befreien.
Taub und stumm stehen die Götter und Mächte,
die Herrscher der Erde;
keiner von ihnen hat das Seufzen und Ächzen
gehört – doch du wohl.

Die wir mit eigenen Augen
die Erde ergraut sehn, verletzt und geplündert,
wir ächzen schon fast nicht mehr,
betäubt und gelassen,
unsre Augen an Dämmerlicht gewöhnt.
Aber du erscheinst,
wetterleuchtend und neu.
Du öffnest den Tag in die Zukunft.

Der du deine Menschen zu finden weißt,
du weißt doch, wer dich erwartet;
und wo du angefangen hast, jemals,
fängst du wieder an –
du gibst eine neue Geburt.

Sende uns deinen Geist entgegen,
die Geisteskraft deiner Propheten,
die gute Nachricht deiner Rettung.
Möge es doch wahr sein, was steht geschrieben:
»Erhört ist dein Flehen.«

Gesegnet du,
dein Wort ist vollkommen,
du erfüllst es.

Komm näher,
als wir zu hoffen wagen.

Dritter Sonntag im Advent

Wir dürften dich rufen, hast du gesagt.
»Ich werde da sein« war dein Name.

Aus der Tiefe habe ich gerufen.
Aus meinem Diensthaus, in meiner Erniedrigung
rief ich zu dir – aber keine Antwort.

Reiß doch die Wolken weg und komm.
Hier, jetzt, sei unser Gott – wer sonst!
Keiner hat uns ein Land versprochen
von Lichtströmen und Bächen voll Wasser,
wo Gerechtigkeit wohnt –
doch du wohl.
Versprich uns nicht, was nicht sein kann.
Laß uns nicht sehn, was nicht ist.

Nichts ist bei dir unmöglich.
Dein Königreich komme.
Hol die Tyrannen nieder von ihren Thronen,
heb die Erniedrigten hoch.

Zu dir steigt meine Seele empor.
Richte mich, richte mich auf.
Erleuchte meine Augen.

Gesegnet seist du,
mein Fels.

Gesegnet du,
der du Quelle des Lebens bist,
der du wie eine Quelle aufspringst in Menschen.

Nichts ist bei dir unmöglich.
Mir geschehe nach deinem Wort.

Vierter Sonntag im Advent

Er würde unser Hirte sein.
Wenn wir auch durch das Todestal müßten,
wir würden uns nicht fürchten. Er würde da sein.
Wir fürchten uns wohl, er ist nirgends.

Wächter, wie weit ist die Nacht?
Der Morgen kommt, sagt der Wächter.
Aber noch ist es Nacht.

Doch laß es genug sein!
Hirte Israels, höre!
Der du auf Cherubim thronst,
steig herab, zu befreien.
Fall wie Regengüsse
über dieses dürre Land,
das noch »Erde« heißt.

Wie lange noch wendest du dich ab,
vergiltst du Böses mit Bösem?
Kehr dich um zu uns;
brich den Bann des Bösen;
vergilt unser Böses mit Gutem.

Wecke, was gut ist in uns;
sag uns an, was recht und was schlecht ist.
Wecke in unserem Gewissen deine Kraft,
in unserem Gedächtnis deinen Namen,

daß nicht die Erde wanke,
daß nicht der Arme verzweifle,
daß nicht die brutale Gewalt,
nicht das Recht des Stärkeren,
nicht die Finsternis gewinne,
daß nicht das Schwarze uns greife.

Wie weit ist die Nacht, wie weit?
Wächter, wie weit ist die Nacht?
Der Morgen kommt, sagt der Wächter,
der Morgen kommt mit Freude –
und morgen werden wir sehn
die Feuerglut seiner Erscheinung,
den Lichtschein seiner Erbarmung.

Gesegnet, der du kommst.
Beschleunige den Tag von Morgen.
Beeile dich doch, uns zu befreien.

Weihnachten

Im Anfang: du.
Im Anfang: dein Wort,
Berufung, Auftrag, Bestimmung.
Im Anfang: Licht.
Wärme, ausstrahlende Glut,
Wachstumskraft, Blüte hundertfach.
Im Anfang: Menschen,
Fleisch und Gebein, Seelen, Staub von der Erde.
Der du ausspanntest den Himmel,
ausbreitetest die Erde:
Rufe »Licht«, daß die Finsternis weiche.

In deinem Namen unsere Kraft:
Schwachheit in Kraft verändert;
Schwere, Verzweiflung, Furcht
in Hoffnung und Leichtigkeit verändert.
Deine Name ist, daß du uns kennst,
groß in Liebe, groß in Befreien.

Hinabgestiegen aus deinem Himmel,
eingestiegen in unsere Mitte,
eingegangen in unser Herz und unseren Verstand,
Kraft zu Denken und Tun geworden,
so bist du.
Fleisch von unserem Fleisch geworden,
und wir: Licht von deinem Licht –
sieh, in Finsternis, deine unzählbaren Menschen.

Sieh Kinder, die ihre Geburt beklagen;
sieh die verzweifelt Sterbenden;
sieh die Gemarterten,
sieh alle, die durch keine Menschenaugen
mehr gesehen werden.

Weck in unserer Mitte Menschen,
die auf ihren Schultern tragen die
»Herrschaft der Gerechtigkeit«.
Entzünde in ihren Köpfen neues Licht,
in ihren Herzen dein Feuer,
in ihren Augen deinen Einblick.
Gib ihren Händen deinen heiligen Geist,
daß sie diese Erde verwandeln
in eine Erde von Frieden.

Gesegnet seist du.
Niemand hat dich je gesehn.
Gesegnet dein Messias, der einst kommen wird.
Er weist uns deinen Weg.

Es komme dein Wort,
geladen mit Kraft
wie die aufgehende Sonne.

Silvester

Der du, über Menschen hinaus,
genannt wirst »Gott«:
»Ich werde da sein, der ich bin« –
deine Jahre sind Jahrhunderte,
unverwüstlich dein Mantel der Liebe,
beständig deine Treue,
sie nimmt kein Ende.

Verbirg dein Angesicht nicht vor mir,
deine Worte, verschweige sie nicht für mich:
Ein Fremdling bin ich auf Erden –
laß mich nicht dahingehn
auf halbem Weg meiner Tage.

Laß unsere Augen deine Herrlichkeit sehen:
eine Erde, wo Frieden aufkeimt,
Blüte von Gerechtigkeit,
Befreiung für alle Völker.
Laß unsere Kinder sehen,
worauf unsere Vorfahren hofften.

Du selbst, du kennst sie beim Namen,
die Kinder, auf die wir hofften.
Du selbst, du hörst ihr Weinen,
ihr Piepsen wie Vögel in Todesnot,
wie kleine Eulen, versteckt in Ruinen,
die Kinder, auf die wir hofften –

wie Strohhütten brannten sie auf,
wie Asche verwehn ihre Stimmen.

Verbirg dein Angesicht nicht.
Der du ihre Geburt gewollt hast,
laß sie nicht dahingehn
im Anfang ihrer Tage.

Gesegnet du – wenn du rettest.
Gesegnet du – wenn du Gott bist.

Deine Worte, verschweig sie uns nicht.

Epiphanie

Wer sind wir, daß du unser gedenkst?
Du bist Gott, der Einzige,
daß du eine Hand uns entgegenstreckst,
daß du uns entgegenstreckst
deine Gedanken, dein Herz.
Laß uns sehen,
daß du Vergebung vollbringst.
Laß uns sehen, daß du Gott bist.

Liebe, die bewegt
die Sonne, die Erde, die Herzen der Menschen.
Mach uns fest und unverteilt von Herzen,
entschieden gerichtet
auf eine Zukunft des Friedens,
Befreiung von Menschen.
Mach uns zur Liebe.
Daß wir uns sehnen,
über unsere Verzweiflung hinaus,
nach Befreiung für alle Völker.

»Erschienen bist du uns,
als wir in Finsternis waren.«
So steht geschrieben.
Erscheine uns. Wir wollen dich sehen.

Da stehen wir, umglänzt von Licht,
umschienen von dir, so steht geschrieben.

Aber sieh uns hier, wie wir sind:
einer noch wehrloser als der andere.
Sieh unsere Kinder.
Sieh die Verzweifelten
in ihrem angestauten Kummer,
sieh alle, von denen wir nichts wissen,
in ihrem stockdunklen Kerker.

»Und alles Fleisch wird sehen,
auf göttliches Geheiß Befreiung.«
So steht geschrieben.
Möge das erfüllt werden:
kein Mensch mehr geknechtet, verzweifelt,
kein Kind mehr erniedrigt.
Der du diese Vision in uns entzündet hast,
wenn du sie nicht erfüllen kannst,
nimm sie zurück.

O Herr, Gott,
erbarmend, gnädig, langmütig,
reich an Liebe, reich an Treue,
bewahrend Liebe
bis ins tausendste Geschlecht.

EXODUS 34, 6–7

ERÖFFNUNGSGEBET
FÜR ASCHERMITTWOCH

Sei hier zugegen

Sei hier zugegen, Wort uns gegeben.
Daß ich dich hören mag mit Leib und Seele.
Weck deine Kraft und komm uns befreien.

Wort uns gegeben, Gott in unserer Mitte,
Zukunft des Friedens, sei hier zugegen.
Dein Wille geschehe, dein Königreich komme.
Sieh uns, dulde uns, laß uns nicht fallen.

Daß wir nicht leben, gefangen in Leere.
Daß wir nicht fallen, zurück in den Staub.
Send deinen Geist, daß wir erneuert werden.

Daß wir dich hören, daß wir dich leben,
Menschen für Menschen, alles für alle.
Daß wir vollbringen dein Wort, unseren Frieden.
Weck deine Kraft und komm uns befreien.

FÜRBITTGEBETE
FÜR DIE FASTENSONNTAGE

Erster Fastensonntag

Der du uns in dieses Leben hast gerufen,
laß uns gehören zueinander.
Daß wir nach Wegen suchen,
einander zu dienen.
Schütze uns gegen uns selber.

Keine Toten mehr, kein Terror,
keine Lager, keine besetzten Gebiete,
keine Menschenvernichtung, keine Shoah,
kein Waffenhandel, keine Großtaten,
keine stumpfsinnige Machtdemonstration –
Milliarden zum Fenster hinaus
zu Lasten alter und neuer Armer.
Der du kein Todesgott bist,
erleuchte unseren Verstand,
daß wir Gedanken finden,
wie das Böse abzuwenden ist.

Gib uns Kraft zu Hingabe und Treue,
daß wir Liebe tun, anleben gegen den Tod,
Frieden stiften, wo möglich.
Der du uns nicht zum Bösen gemacht hast,
doch einander leben zu lassen.

Möge uns segnen der,
der die Erde schuf für die Menschen,
die Menschen füreinander.
Möge sein Antlitz über uns leuchten,
daß wir in Frieden sind.

Zweiter Fastensonntag

Der du unsere Lebenstage kennst,
ihre Freude, ihre Leere, ihre Dauer.
Der du uns gönnst,
daß wir Menschen werden in hellem Licht;
daß wir unser Glück versuchen beieinander
in Freundschaft und Treue,
in Gutsein und Rechttun;
daß wir unsere Bestimmung finden in Liebe.

Der du unsere Geburt gewollt hast,
unser Aufwachsen,
unsere besseren Jahre.
Sieh die Kinder, die ihre Geburt beklagen,
sieh die verzweifelt Sterbenden,
sieh die Gemarterten,
und alle, die durch keine Menschenaugen
mehr gesehen werden.

Brich in uns die Macht der Verdrängung,
dieses faule, bange Vergessen,
Nicht-wissen, Nicht-wissen-wollen,
dieses Tun, als ob es nur halb so schlimm ist,
und »So ist das Leben:
das Recht für den Stärkeren,
jeder für sich,
die Armen noch ärmer,
Kinder geopfert.«

Der du das Leben nicht so gemeint hast,
rufe uns an:
»Mensch, wo ist dein Bruder,
wo ist deine Schwester?«
Stoße uns wach.

Der du in dieser Welt
so mächtig bist, wie Menschen gut sind,
laß uns einsehen
das grundlose Unrecht von Armut und Hunger.
Im Namen des Jesus von Nazaret,
laß uns ausschauen nach einer Wende
des Bestehenden.
Lehre uns zu leben
für eine Welt in Recht und Frieden.

Dritter Fastensonntag

Der du der Ursprung bist
von allem Guten, das getan wird,
der uns aufhetzt und anfeuert
gegen den Tod in all seinen Formen
und uns eingibt, uns nicht zu fügen
in die Macht des Unrechts,
in Feigheit und Grausamkeit.

Sei in uns Herz und Verstand,
daß wir fähig werden,
das schlimmste Leid zu mildern;
daß wir den Ungeist aufwiegen,
der diese Erde verwildert.

Wir beten zu dir
für die, die mutlos geworden sind
wegen alles Bösen in dieser Welt.
Aber auch für die, die voller Hoffnung sind,
die hell bleiben:
Verstärke ihr Herz,
daß nie fehlen in unserer Mitte
Standhaftigkeit und Sanftheit,
Liebe, stärker als der Tod.

Vor deinem Angesicht gedenken wir unserer Toten,
aller, die unabkömmlich waren,
der zu früh Gestorbenen,

aller, die unserer Obhut und Liebe
anvertraut sind,
aller, die uns umringen
mit Fragen, Sorgen und Glück.

Gott der Lebendigen, erfülle deinen Namen
an uns, an deiner Gemeinde, wo auch in der Welt.
Strecke deine Hand aus bis dahin,
wo wir noch tot sind.
Mache, heute noch, mit uns
einen neuen Anfang.

Vierter Fastensonntag

Gesegnet du, der du kommst.
Beeile dich, uns zu befreien,
sehender, hörender Gott.

Dein Wort will uns glauben lassen
– und unser Gewissen weiß, daß es wahr ist –,
daß es nicht sein muß, so wie es nun geht:
für die Armen zunehmende Armut.
Laß die Begierde nach mehr
nicht immer schamloser Besitz von uns nehmen,
während so viele noch nicht das Wenigste haben.
Lehre uns Solidarität
mit Unterdrückten weit weg und nah.
Und wenn wir zynisch sind und entmutigt,
betäubt durch den Anblick der Tatsachen,
forme uns aufs neue durch dein Wort,
das bis zum heutigen Tag nicht verstummt ist.

Für deine Menschen hier,
um diesen Tisch beisammen,
in dem Schutz deines Wortes,
daß wir zur Einkehr kommen
und liebhaben, was wir können.
Mach uns zu neuen Menschen, in deinem Geist,
bedacht auf Liebe, die geduldig ist, andächtig,
standhaftig, hell, viel verstehend,
viel vergebend –

daß wir nicht die vernachlässigen,
die auf uns angewiesen sind.

Du, in deinem Licht, sei nicht weit weg.
Sprich zu uns in Worten von alters her –
was uns von Mose gesagt ist,
was uns von Jesus gesagt ist:
daß du zuverlässig bist
und nicht fahren läßt
das Werk deiner Hände –
so möge es sein.

Fünfter Fastensonntag

Der du vom Feuer aus uns hast gerufen,
aus dem Land der Blinden uns hast weggeführt –
Stimme, rufe Licht, hier, jetzt,
damit das Chaos, unsere Blindheit, fliehe;
daß unsere Augen wagen zu sehen,
was du versprochen hast;
daß der Sturm unseres Widerwillens sich lege
und deine Stille herrsche.

Der du fernab uns getroffen hast mit deinem Wort,
laß uns fernab sehen das Land,
das nach dir genannt ist,
das Land »Recht-und-Frieden«,
wo wir hingehören –
so wie von alters her gewußt wird
und in deinem Buch geschrieben steht:
»Ich-werde-da-sein, wohnt da.«
Da wird es sein,
daß wir nicht länger uns selber
und einander entfremdet sind,
daß wir neue Menschen sind,
Recht-und-Frieden.

Gedenke der vielen,
die uns zu deinem Land vorangegangen sind,
die auf dich ihre Hoffnung gesetzt haben.

Halte durch mit uns. Halte uns in Gang.
Wenn dein Wort, dein Angesicht, nicht mit uns geht,
laß uns dann nicht von hier weggehen –
so beten wir mit Israel, deinem Auszug-Volk.
Schicke mit uns deinen rettenden Engel,
Jesus, deinen Knecht, unseren Herrn.

Sechster Fastensonntag

Gesegnet du, der du die Quelle des Lebens bist,
der wie eine Quelle aufspringt in Menschen.
Gesegnet seist du für dein lebendiges Wort.

Wir beten zu dir gegen den Tod,
gegen die Grausamkeit unseres Wohlstands:
zugunsten weniger, zu Lasten vieler –
gegen den Waffenhandel
und den Tod Tausender, jeden Tag neu.

Wegen unserer Toten trauern wir,
wegen aller, die nicht mehr da sind,
wegen aller Kinder deines jüdischen Volkes,
getötet in der Nacht der Schrecken.
Wegen all deiner Menschen, die, heute noch,
aufgejagt werden, gefoltert, weggefegt.

Deine schwarzen Menschen in Süd-Afrika –
wecke ihre Kraft, segne ihren Aufstand,
segne sie mit Mut und Ausdauer,
beschäme ihre Feinde,
beschäme das Recht der Stärkeren –
deine weißen Menschen, bekehre ihre Herzen.

Wir beten zu dir für Kinder ohne Eltern,
für Flüchtlinge ohne Zukunft,
für Kranke ohne Hoffnung auf Heilung;

für alle, die niemand begegnen;
kein Mensch, der sie annimmt,
keine Worte, die ihnen etwas sagen;
für alle, die stumm geschlagen sind,
verbissen schweigend,
sinnend auf Rache, erstickend vor Wut.

Sieh uns, aufgehetzt gegeneinander,
vertraut mit Feindschaft.
Brich die Barrieren ab.
Sieh alle, die leben auf Erden,
die meisten zu wenig und in Not,
einige zu Lasten vieler.

Gib uns, daß wir einander zur Kraft sind.
Laß uns einmal sehen, was wir hoffen:
das Ende der Marterungen,
an Menschen und Tieren betrieben,
eine Welt, die nicht nur an einigen Orten,
sondern überall gut ist für unsere Kinder.
Und gib, daß wir ausharren in solcher Sehnsucht
und nicht preisgeben unsere Vision:
Leben durch den Tod hindurch. Amen.

ICH UND DU
GEBETE FÜR DIE HEILIGE WOCHE

Jemand bist du

Jemand bist du
außer mir,
in mir,
mir gegenüber.

Ich will dich kennen.
Ich will gekannt sein.

Sei nicht unerbittlich,
sei nicht dir selbst genug.

Blende mich nicht,
sei Licht.
Kleide mich an,
schone mich.

Hör mich.
Sei nicht Totenstille.

Such mich mit Geduld.
Prüf mich, sieh mich.
Kenn mich.
Sieh mich an.

Vater

Du stelltest mich dir vor:
der Mensch, der ich sein werde,
wenn ich dein Wort vollbringe.

Du hast mich gekehrt
von dir ab,
nach jener Zukunft hin.
Deine Stimme in meinem Rücken:
»Ich werde sein mit dir.«

Und ich ging –
du legtest einen Pfad vor meine Füße.

Und ich wurde ich,
der dies denkt,
der dies sagt.

Und du, ohne dich umzusehen,
ohne Vorbehalt,
wurdest mein Vater.

Behüte meinen Weg

Behüte meinen Weg.
Richte mich,
daß ich nicht festlaufe.

Daß ich mich nicht füge
in den Kreislauf des Schicksals,

daß ich nicht, völlig ratlos,
mich der Verzweiflung überlasse,
mich ergebe ins Böse,
mich der Ungerechtigkeit füge

und nicht mehr hören will
vom Neubeginn.

Laß mich ausschauen
nach einer Zukunft –
der neuen Erde.

Erinnere mich daran,
was du gewollt hast.

Rufe mich, heute noch.
Weise mich zurecht.

Sei gut in mir

Sei gut in mir.
Befreie in mir
Kraft zur Liebe,
Aufmerksamkeit.

Sei neu und feurig,
alt und weise
in mir.

Sei in mir
Abneigung gegen Gewalt,
Hunger nach Gerechtigkeit,
Hoffnung, Erbarmen,
Durst nach Frieden.

Daß ich dich nicht mißbrauche.
Daß ich dich nicht verleugne.
Daß ich dich nicht verspiele.

Die Oase deines Wortes

Führe mich zurück
in die Oase deines Wortes.
Hol mich heraus
aus dem Land von Fluch und Schicksal.

Werde in mir
Wachsamkeit,
Geduld, Gedächtnis,
Vernunft, Treue.

Mache mich, nach deinem Bild,
zu einem Zukunft-Menschen.

Ewiger,
lehre mich die Sprache,
worin ich dich verstehe.

Führe mich zurück
in die Oase deines Wortes.

PSALM FÜR KARFREITAG

Aus den Tiefen rufe ich dich,
du, Herr, hör meine Stimme.
Öffne deine Ohren, du, und lausche
meiner Stimme, die um Gnade fleht.

Würdest du die Sünden zählen,
ach, wer könnte da bestehen?
Doch bei dir ist Vergebung,
so willst du gekannt sein.

Ich warte auf Ihn und hoffe,
es harrt meine Seele auf Ihn.
Ich halte mich an sein Wort.

Meine Seele schaut aus nach Ihm,
so wie der Wächter voll Erwartung
ausschaut nach dem Morgen,
nach dem Morgenlicht.

Israel, harre aus in Ihm,
denn bei Ihm ist Gnade –
Kraft, um zu befreien,
ist bei Ihm, viel Kraft.

Er wird dich befreien,
Israel,
aus der Macht der Ungerechtigkeit.

PSALM 130

EVANGELIUM-GEBET
FÜR DIE OSTERNACHT

Sieh den Menschen,
der du uns gewollt hast nach deinem Bild,
geschaffen auf dich zu.
Sieh uns, Mann, Frau, Kain, Abel.

Schone uns, so wie du Noach geschont hast.
Rufe uns, so wie du Abraham gerufen hast,
um zu gehen
in ein Land, das gut und weit ist.
Laß uns gehen und laß uns sehen wohin.

Der du Israel deinen Namen gesagt hast,
deinem Auszug-Volk das Land gegeben,
Mose deine zehn Worte der Befreiung,
Elia, dem Propheten, deine Geisteskraft,
um gegen Könige und Götter
Gerechtigkeit widerfahren zu lassen
an Armen und Unterdrückten.

Der du deine Kraft niedergelegt hast in Menschen,
deine Worte in ihr Herz geprägt,
damit sie wissen, was getan werden muß:
Gerechtigkeit und Frieden, aneinander.

Der du in Israel gerufen hast
Jesus aus Nazaret – zum Licht der Welt.

Seines Lebensganges gedenken wir,
und wie er starb und in ein Grab wurde gelegt,
doch auch, was heißt: »daß er ist auferstanden«,
so wie geschrieben steht in der Schrift:

Am ersten Tage der Woche,
es war noch früh am Morgen,
gingen die Frauen zum Grabe –
sie trugen den Balsam
und die duftenden Kräuter,
die sie bereitet hatten.
Sie fanden den Stein abgewälzt von dem Grabe.
Sie gingen herein
und fanden nicht
den Leib des Herrn.

Und es geschah
in ihrer Ratlosigkeit darüber,
siehe, zwei Männer standen vor ihnen,
in glänzend weißem Kleide.
Ängstlich bogen sie ihr Gesicht zur Erde.

Die Männer sagten zu ihnen:
Warum sucht ihr den Lebendigen bei den Toten?
Er ist nicht hier,
er ist auferstanden.
Gedenket daran,
wie er sprach zu ihnen,
da er noch in Galilea war,
da er über den Menschensohn gesagt hat:

Es muß, daß dieser überantwortet wird
in die Hände schuldiger Menschen
und daß er gekreuzigt wird
und am dritten Tage auferstehen wird.

Und sie gedachten seiner Worte.

(Lukas 24,1–8)

So wirklich, wie er lebt bei dir:
Sende uns deinen Geist,
mache uns seiner Worte eingedenk.

AUFERSTEHUNGSGEBET

Dieses Gebet verweist auf die Exodus-
Geschichte, die von jeher in der Oster-Liturgie
gelesen wird.
Der »Refrain« zitiert die Worte, mit denen
der Herr Seinen Namen ausrief, als Er
auf dem Sinai an Mose vorbeiging.
(EXODUS 34, 6–7.10)

O Herr, Gott,
erbarmend, gnädig, langmütig,
reich an Liebe, reich an Treue,
bewahrend Liebe,
bis ins tausendste Geschlecht.

So wie es war im Anfang
und nun ist und dauern wird –
komme, was kommt.

Der du hörst, weißt,
zurückdenkst an damals,
als du begannst,
als du ausdachtest deinen Bund,
als deine Liebe aufloderte
und Worte suchte.

Der du die Welt siehst,
deine niedergeschlagenen Menschen,
heimatlose Kinder.

Sieh uns, hartnäckig,
verwirrt in Träumen,
gewöhnt an Lügen,
müde und gnadenlos.

Wenn du nicht mitgehst,
sterben wir lieber.

Der du deinen Namen
hast ausgerufen
in unser Gesicht:
Mache uns dir zu eigen,
geh mit uns Wege,
die noch nicht sind,
dorthin, wo es gut ist.

Sende uns den Engel
deines Namens,
einen Mann wie Mose,
Jesus von Nazaret,
einen Menschen wie du.
Halte uns in Gang,
daß wir dorthin finden,
wo du bist
alles in allen.

O Herr, Gott,
erbarmend, gnädig, langmütig,
reich an Liebe, reich an Treue,
tragend Ungerechtigkeit,
vertragend Untreue,
wegtragend Sünde,
doch den Schuldigen nicht haltend
für unschuldig,
heimsuchend die Ungerechtigkeit der Väter,
an Kindern und Kindeskindern,
bis ins dritte und vierte Geschlecht,
bewahrend Liebe,
bis ins tausendste Geschlecht.

Nichts ist unmöglich bei dir.
Wälze den Stein von uns ab;
setze uns gerade aufrecht,
richte unsere Füße,
führe uns aus unwegsamem Abgrund
zu einem Wohnort von Licht.

Der du zugesagt hast,
daß kommen wird eine neue Erde,
jenes Land »Recht-und-Frieden«,
in dem wir zu Hause sind –
das doch schon da ist,
wo Menschen Gutes tun,
ihr Leben teilen, Leib und Seele.
Schwachheit, die Kraft wird –
beschäme uns nicht.

Der mich rief,
daß ich dich rufen sollte,
der du in mir rufst,
daß ich dich rufen werde;
der in mir steckt
als Feuer im Stein,
der zu mir eingeht,
meinem Verstand entlockt
Schreie von Hoffnung,
meinen Augen gibt
eine Glut von Freude;

der quer macht,
ungeduldig, mutig,
sanft, geduldig;
der mich trug
auf Adlerflügeln,
der mich geworfen hat
in den Raum
und, wenn ich kreischend fiel,
mich aufgefangen hat
mit seinen Schwingen,
und wieder hochgeworfen,
bis daß ich fliegen konnte
aus eigener Kraft.

Gott in uns,
Feuer in uns,
Liebe,
in uns und über uns hinaus.

So wie es war im Anfang
und nun ist und dauern wird –
komme, was kommt.

O Herr, Gott,
erbarmend, gnädig, langmütig,
reich an Liebe, reich an Treue,
bewahrend Liebe
bis ins tausendste Geschlecht.

EUCHARISTIEGEBET
FÜR HIMMELFAHRT

Gesegnet du, Ewiger,
Vater des Himmels und der Erde,
für Licht und Lebensatem,
Meer und Land, Sonne, Mond und Sterne,
Menschheit nach deinem Bilde.

Gesegnet du
für die Fülle deiner Treue
in diesem aus Nazaret, Jesus,
der wurde gekreuzigt, begraben,
den du hast auferweckt,
als ersten von den Toten.

Der, zum Himmel aufgestiegen,
sitzt an deiner rechten Hand,
einer von uns, bei dir,
der für uns betet.

Gesegnet du, Ewiger,
Vater des Himmels und der Erde,
für Israel, deinen heiligen Weinstock,
woran du uns Teil gegeben hast
durch Jesus, deinen Knecht.

Tau auf das Antlitz der Erde,
es blühe der Geist.

Gesegnet du
für das lebendige Wort
des Mose und der Propheten,
woran du uns Teil gegeben hast
durch Jesus, deinen Knecht.

Erwärme das Antlitz der Erde,
gib Sprache und Geist.

So wie das Brot, das wir brechen,
war ausgesät in der Erde
und wurde gesammelt
und eins ist geworden:
So sammle auch uns
von nah und fern
in das Königreich deines Friedens.

Mach neu das Antlitz der Erde.
Nun komme dein Geist.

GEBET FÜR PFINGSTEN

Unter einem Himmel mit so vielen Millionen,
weit weg, unsichtbar,
und dicht um uns herum, bedrückend –
hier an Ort und Stelle, unfühlbar verbunden
mit Menschen, die ihres Lebens nicht froh werden;
die wohl geboren sind,
aber rechtlos, ehrlos und aussichtslos;
die ausgenutzt werden und geopfert;
die krepieren;
die auf der Stelle tot umfallen;
die sterben, in großer Zahl.

Auf dieser Erde, die so gut ist und prachtvoll,
und die doch kahlgeschlagen wird und erniedrigt,
vergiftet und erschöpft;
in unseren noch bewohnbaren Städten
mit schönen Vierteln, wohlhabenden Häusern,
doch auf den Mauern rassistische Phrasen,
und überall herumirrende Kinder,
Süchtige, Obdachlose, Fremde,
vernachlässigte Kranke, vereinsamte Alte,
Kontaktgestörte.

Und weit weg von hier
die schweifenden Palästinenser,
die seit Menschengedenken bedrohten Juden,

die Parias von New York,
die Gemarterten in Chile, in El Salvador,
in Süd-Amerika oder wo sonst in der Welt;
an diesem Ort zusammengekommen wir,
nicht glücklich oder doch,
hell oder in Illusionen verwirrt,
mutlos, abschätzig und müde
oder voll Kraft,
verzweifelt
oder voll Hoffnung und mit Plänen des Lebens.

Wir beten:
Komm, Lebensatem,
blase in alle Toten,
daß sie leben.

Komm, Lebensatem,
blase in alle zum Tode Verurteilten,
Sterbenden, Gemarterten, Blutarmen,
Unterdrückten, Vermißten,
daß sie leben.

Komm, Lebensatem,
blase in alle Lebendigen,
daß sie leben.

STILLE-GEBET
FÜR DEN DREIFALTIGKEITSSONNTAG

Streck mir deine Hände entgegen,
Herr, komm eilig, mir zu helfen.

Gott, komm eilig, mir zu helfen.

Ehre dem Namen und dem Wort,
es komme ihr heiliger Geist.

Gott, komm eilig, mir zu helfen.

Der uns schuf und festhält,
der uns kennt und befreit.

Herr, komm eilig, mir zu helfen.

Gesegnet seist du,
Quelle von allem, was besteht;
wir dürsten nach dir,
weil du selbst uns durstig gemacht hast.
Unruhig ist unser Herz,
bis wir in dir geborgen sind.
Unruhig ist unser Herz,
bis wir sind in dir.

Unaussprechlicher,
Gott-von-Menschen ist dein Name,
Stimme, die mich ruft.
»Wer bist du?« ist dein Name.

Stimme, die mich ruft:
»Wo ist dein Bruder?« ist dein Name.

Sieh, wie das Recht des Stärkeren regiert,
die Erde wankt.
Der du die Armen kennst vom Sehen,
sie dem Namen nach kennst, bis in ihren Tod,
der du genannt wirst »Gott der Armen«,
sende uns deinen Boten,
deinen armen gekreuzigten Lebendigen,
Jesus, deinen Gewährsmann.
Mach uns zu deiner Gemeinde.

Laß dein Angesicht leuchten,
wende die Augen mir zu.

Richte deine Augen auf mich.

Ehre dem Namen und dem Wort,
es komme ihr heiliger Geist.

Richte deine Augen auf mich.

Der uns schuf und festhält,
der uns kennt und befreit.

Wende die Augen mir zu,
laß dein Angesicht leuchten.

EUCHARISTIEGEBET
FÜR FRONLEICHNAM

Gesegnet bist du
für Licht und Lebensatem, Wort und Geisteskraft,
für Menschen, die leben aus Kraft von dir,
für Jesus von Nazaret, dein jüdisches Kind.

Der unser Vorbild wurde,
der bis zum Letzten seines Lebensweges
deine Tora vollbrachte, hingebend und treu,
der uns gehen lehrte
auf dem alten Weg deines Liebeswortes
zu einem guten weiten Land,
wo der Tod nicht herrscht.

Der uns ein Zeichen gesetzt hat,
worin sein Geist offenbar und wirksam ist,
bis zum heutigen Tag.

Der am Abend vor seinem Tod
Brot gebrochen hat
und an seine Freunde ausgeteilt,
der einen Becher Wein genommen,
Dankgebet und Segnung
gesprochen hat und gesagt:

»Tut dies zum Gedenken
an den Gott, der uns befreit hat
aus dem Sklavenhaus,

der uns aus der Macht des Todes
befreien wird.«

So tun wir dann, wie er getan:
essen, trinken, teilen, Brot und Wein,
Zeichen des Glaubens,
daß auch durch uns und mit uns und in uns
eine neue Welt kommen wird,
wo Brot und Liebe sind,
genug für alle.

Gesegnet bist du
für Israel, deinen heiligen Weinstock,
an dem du uns Teil gegeben hast
durch Jesus, deinen Knecht.

Gesegnet bist du
für das lebendige Wort
des Mose und der Propheten,
an denen du uns Teil gegeben hast
durch Jesus, deinen Knecht.

Ihn nennend, gedenken wir
all deinen Gemarterten,
verpaßten, weggeworfenen Menschen.

Der du deine Gemeinde zusammenrufst,
hier und wo sonst in der Welt,
der uns berührt mit deinem Wort,
der uns von Ansehen kennt,
nicht vergißt unsere Namen,
komm über uns mit deinem Geist.

STILLE-GEBET FÜR
DIE SONNTAGE NACH PFINGSTEN
(PER ANNUM)

Sieh, in Finsternis, deine unzählbaren Menschen,
wie sie niederliegen, kriechen,
versuchen aufzustehen,
wieder fallen.
Sieh ihre Scham, Verzweiflung, Ohnmacht, Schuld,
ihren guten Willen, ihre kleine, große Liebe.
Sieh alle, die leben auf Erden,
Kranke von Leib, untröstbare Herzen,
Weise, Erbitterte, Kinder, Arme,
Geliebte, Alleinstehende,
alle, die schwierig leben,
nichtig und unsichtbar.

Der du gesagt hast,
daß du nie fahren läßt
das Werk deiner Hände:
Beschäme uns doch nicht.

Führe uns auf den Weg, den du gewiesen hast,
aber der so lang ist, daß wir verzweifeln.
Richte unsere Füße,
richte unsere Augen,
daß wir, nicht sehend, doch sehen,
daß wir, verzweifelt, doch weitergehen.

So wie gegangen ist
Abraham, dein Gerufener,
Mose, dein Knecht,
Jesus, dein Knecht, dein Geliebter,
von dir gerufen, ein Mensch für alle,
von dir gesendet, uns zur Befreiung,
Wort und Gestalt deines Erbarmens,
Bild und Gleichnis deiner Treue.

Gesegnet seist du, Gott unbezwingbar,
für diesen Messias, diesen Gerechten,
diesen Gekreuzigten, diesen jetzt Lebenden.

Bewahre uns in seinem Geist,
bewahre uns in deiner Vision
von Recht und Frieden.

TORA-GEBET FÜR
DIE SONNTAGE NACH PFINGSTEN
(PER ANNUM)

Du mit deinem Namen »Ich werde da sein«,
wir sehen dich nicht,
und niemand hat dich je gesehen.
Aber dein Wort ist unter den Menschen.

»Höre Israel.
Er, unser Gott, Er Einer.
Hab Ihn lieb, deinen Gott,
mit all deinem Herzen, mit all deiner Seele,
mit all deiner Macht.«

Diese Worte, uns beauftragt,
hier und heute, präg sie in unser Herz.

War je dein Wort imstande,
Menschen zueinander zu bekehren,
laß es dann auch in Kraft sein
hier in unserer Mitte.
Lichtschein für die, die leben im Schimmer,
die nicht denken können eine andere Welt als diese.
Lichtglut für alle, die nicht glauben können,
kalt, entfremdet mit ihrer tiefsten Sehnsucht.

»Im Anfang war dein Wort.
Durch dein Wort ist alles entstanden,

nichts ist außer deinem Wort entstanden,
nichts von allem, was besteht.
In deinem Wort war Leben.
Licht für Menschen war das Leben.
Licht, das scheint in Finsternis.
Und die Finsternis hat das Licht nicht weggefegt.«

Gib deiner Gemeinde Lehrmeister,
daß die Übertragung deiner Tora
eine Quelle der Freude sein möge in unserer Mitte.
Mach sie aufmerksam, sorgfältig, begreifend,
nicht zu hoch, nicht zu weit, feurig und nüchtern.
Gib uns Menschen, die dein Wort vollbringen:
Vergebung gegen Rache, Liebe gegen Haß,
das Böse überwindend im Guten.

Die, die auf dem Weg deines Wortes gehen wollen,
die dich erkennen in Worten des Friedens,
in Jesus-aus-Israel:
Die wollen teilen
Trank und Speis, Mühe und Not und Freude;
die setzen hier ein Zeichen des Glaubens
mit Brot und Wein,
bis du kommst in deinem Messias. Amen.

Er segne uns mit seinem Licht,
mit seinem unabdingbaren Wort.
Er möge besorgt um uns sein,
er schenke uns Frieden.

MARIA-GEBET

Zerreiße die Wolken und komm.
Nach dir sehne ich mich.
Ich bin deiner sicher.
Würdest du je mich beschämen?

Gesegnet du
für dein gegebenes Wort,
deinen unaussprechlichen Namen.
Gesegnet du
für Israel,
deine Geliebte,
von dir gezeugt, in einem unfruchtbaren Schoß,
aus Sklaverei geführt,
dein Auszug-Volk,
dein heiliges Erbe, deine Gemeinde,
die du gerufen hast, die deine zu sein.

Gesegnet du,
für Mose, deinen Freund,
der aus dem Feuer deinen Namen empfing,
der auf dem Berg dein Wort vernahm.
Gesegnet du
für deine Propheten,
Elia, Johannes der Täufer.
Gesegnet du
für Jesus, von Josef,

Sohn von David,
Sohn von Menschen,
Sohn Marias,
Sohn von Rachel,
Sohn Rebekkas,
Sohn von Sara,
Sohn von Eva,
Sohn von Gott.

Sende uns dein Licht und deine Treue.
Laß mich gehen auf deinem Weg.
In deinem Namen ist meine Kraft.

Wende ab den Lauf des Schicksals.
Wende mich um zu dir.
Mir geschehe nach deinem Wort.

Zerreiße die Wolken und komm.

GEBET
FÜR EINEN KRANKENGOTTESDIENST

Du, nicht Gott, so wie wir dich denken,
tiefer in mir als mein tiefstes Selbst.
Mit deinem Namen unnennbar,
über unsere Worte hinaus.
Licht bist du, blende uns nicht.
Nacht bist du, entfremde uns nicht.
Warum gibst du Unglücklichen das Licht,
seelisch Verbitterten das Leben?

Wir beten zu dir,
für die, die leiden und keinen Ausweg sehen,
für alle, die verbittert sind, verkrampft,
todbang, krank, angesteckt, unheilbar,
für die, die niemanden haben,
ausgestoßen sind, vernachlässigt, aufgegeben:
daß es welche gibt, hier, nun,
die sich gerufen wissen, zu ihnen zu gehen.

Über dich wird gesagt,
daß du nicht vor leidenden Menschen davonläufst.
Weck deine Kraft in uns,
daß wir unser Herz nicht abwenden
von den vielen, denen es schlecht geht.
Neige unser Gemüt zu Erbarmung und Treue.
Sei eingedenk deines Wortes, deiner Treue.

Du, in Träumen gefürchtet,
in Wahnen ein Todesgott.
Nah bei uns, lieber Name,
in Jesus, deinem Kind.

Ich werde sein, sagst du,
richte auf deine Seele.
Heb deinen Kopf empor,
fürchte dich nicht, sagst du.

Sei unser Heiler.
Leg auf uns deine Hand,
Auftrag und Segen,
heute und morgen.

Durch Jesus, deinen Knecht,
durch Jesus, deinen Menschen,
deinen Gerechten –
komme, was kommt.

REFORMATIONSTAG

Sieh uns, deine Menschen: Welt voller Gewalt,
Fronten, Gettos, Apartheid, besetzte Gebiete;
Welt des schleichenden Unrechts,
mehr und mehr Armut,
alte Leute, immer einsamer sterbend,
junge Leute, das Lebenslicht hassend –
auf dieser geschändeten Erde,
sieh deine Menschheit.

Möge Wahrheit werden, was da geschrieben steht:
»Sie schrien aus ihrem Elend empor,
und er hörte, und er sah, und er wußte,
und er stieg hinab zu befreien.«
Sei Gott für uns, so wie du bist
Gott von Abraham, Gott von Isaak, Gott von Jakob.
Hirte von Israel, hör unser Gebet,
Betreuer Josefs, komm uns befreien.

Für dein Volk Israel, wo auch auf der Welt,
um Tage des Friedens,
Land in Sicherheit, Staat der Gerechtigkeit.
Für alle, die sich Christen nennen,
für die Leiter der Kirchen,
daß sie zur Einkehr kommen gegenüber den Juden,
sich schuldig bekennen, um Verzeihung bitten.

Segne diesen Ort, an dem wir zu dir beten.
Gedenke aller, die hier baten
um Trost und Erleichterung, hoffend auf Segen;
aller, die hier, in schwierigen Tagen,
deine Worte gehört haben und bewahrt.

Gedenke deiner Kirchen, wo auch auf der Welt,
Leiter, Sprecher, Männer und Frauen,
im Dienst deiner Gemeinde,
Kirchenfürsten, Kirchenvorstände, Bischöfe
und Bischof von Rom.
Richte mit deinem Wort ihr Tun und Lassen.
Bekehre uns, mit ihnen, zu deinem Königreich.

Unser Leben, jahraus, jahrein,
schwer und gespannt,
aber auch so ungreifbar und schnell,
laß es in deiner Hand sein
und in deinem Namen gesegnet.
So beten und singen wir zu dir,
mit sanfter Stimme – aber du wirst uns hören.

ALLERHEILIGEN

Für alle Lebendigen gesegnet,
für alle Lebendigen vom Tag der Schöpfung an,
gesegnet du.
Aber nicht gesegnet
für ermordete Kinder, ermordete Unschuldige,
für die Millionen Getöteten
in einem Krieg nach dem andern,
für die Gemarterten in unsren Tagen,
die Verworfenen,
die Aufgejagten, Verarmten, Krankgemachten.

Gesegnet du für die,
die dein Wort empfangen haben und bewahrt,
für die, die das Licht nicht verraten,
beharren in Liebe,
für alle feurigen Seelen und reinen Herzen,
gesegnet du.
Aber nicht gesegnet
für tote Seelen,
Tyrannen, Mörder, Räuber,
Menschenverschlinger, Anstifter des Todes.

Für neugeborene Menschen, für großes Glück,
für nicht-mehr-Einsamkeit, für Schönheit,
für alles Gute, das getan wird,
gesegnet du.

Aber trauere mit uns um alle, die davon sind,
vernichtet, in Rauch aufgelöst.
Um ihre leeren Plätze,
ihre Namen, nicht mehr genannt.
Wie sollen die leben,
die ihre Geliebte verloren haben?
Gesegnet du, wenn du uns antwortest.

Gesegnet du
für Jesus, deinen Knecht,
der uns mit Worten von Mose und der Propheten
zu dir beten lehrte.
So beten wir dann:

Unser Vater im Verborgenen,
dein Name gekannt und vollbracht,
dein Reich des Friedens begründet,
dein Wille geschehe:
neuer Himmel und neue Erde.
Gib uns Brot, heute und morgen,
Erlaß der Schulden,
so wie wir einander tun –
möge das wahr sein.
Geh nicht über unsere Kraft, befrei uns.
Brich die Macht des Unrechts.

ALLERSEELEN

Alle erdenklichen und unerdenklichen
lebendigen Seelen empfehlen wir dir.
Du hast dich ja zur Verfügung gestellt.
Wir könnten dich rufen, hast du gesagt:
»Ich werde da sein« war dein Name.

Verstehst du uns, da wir dich rufen?
Siehst du durch unsre Gesichter hindurch,
bis hinein in die dunkle geteilte Seele?
Wir sind der Mensch, den du gemacht hast.

Der du gesagt hast: Tröstet, mein Volk –
für die, die einsam zu Boden fallen,
für die, die nichts mehr haben als Unglück,
gibt es keinen Trost, kein Wort, das rettet.
Bist du der Freund, der sie aufrichtet?

Hör alle, die nach Frieden rufen,
als wäre es ein unmögliches Glück.
Hör das Blut, das ruft aus der Erde,
es sei umsonst vergossen.
Hör, die sprachlos sind, mundtot, gemartert,
wo nicht in der Welt?

Und die Toten, vermodert in der Erde,
zerstreut durch den Wind, unauffindbar für immer.
Und alle, die gegangen sind ohne Gruß.

Was hat mit ihnen gemacht
Er, der nie fahren läßt
das Werk seiner Hände?

Der du im Anfang gerufen hast:
Licht, und die Finsternis floh,
Tag, und die Nacht schrumpfte zusammen,
Menschen, und aus dem Unmöglichen
wurden wir Menschen.

Der du unserem Dasein Sinn gegeben hast
und unser Herz erwärmt.

Gründe aufs neue dies Haus voller Menschen,
diese Erde.

Zu Frieden gereiche uns dein Name:
Ich werde da sein.

GEBET
FÜR DEN LETZTEN SONNTAG
DES KIRCHENJAHRES

Erde, das Werk deiner Hände,
kahlgeschlagen und verwüstet,
erschöpft und vergiftet,
Löcher gebrannt in den Himmel.
Erde, entheiligt und verstoßen
durch die Füße ihrer Bewohner,
zertreten die ewigen Worte,
zertrampelt die Rechte der Armen.

Du, in deiner Stille, hörst,
siehst und schweigst, besinnst dich,
ob du noch Geisteskraft genug,
Glauben hast, Hoffnung und Liebe,
um aufs neue Gott zu sein,
Schöpfer und Befreier.

Dann senktest du dich
und riefst deinen Namen über uns:
»Ich werde sein, der ich bin,
Gott, barmherzig und gnädig,
reich an Liebe und Treue –
tausend Geschlechter lang.«

VON TAG ZU TAG

Laß es doch manchmal,
für einen Augenblick, sein,
als ob wir gehen auf Flügeln –
so wie Menschen gehen
auf dem Weg zu einem Neubeginn.

Daß wir sehen, noch Zeit unseres Lebens,
einen Schimmer, einen Funken
deines Reiches des Friedens:
Menschen in Frieden.

Daß wir doch manchmal,
für einen Augenblick, wissen,
so sicher, wie es uns gibt,
daß dauern wird deine Treue,
und wer du sein wirst, einst,
in einem neuen Himmel,
auf einer neuen Erde,
wenn der Tod getötet ist:
Gott in Menschen.

Jetzt noch hat niemand
dich je gesehen.
Aber du wirst Gott sein,
neu und auf immer,
alles in allen.

REQUIEM

Laß mich ein
in den Ort von Ruhe und Frieden,
der benannt wird
mit dem Namen dein.

Licht von Licht. Erbarmen. Himmel.
Liebe ist dein Name.

Daß ich komme in dich, mein Friede.
Daß ich, gegangen durch das Feuer
und mein letztes Leid durchlitten,
kommen darf in dich, mein Friede.
Daß du mich bei meinem Namen
rufen wirst.

Sterblicher Mensch. Staub der Erde,
Leib und Seele ist mein Name.
Atem war ich, Funken Leben.

Glut der Liebe, ewig Leben,
neue Erde ist der Name dein,
in den Ort von Ruhe und Frieden
laß mich ein.

Tod, der niemanden schont,

Dolchstoß in den Rücken,
Dieb in der Nacht,

Lösung ungereimt,
barmherzig, lang erwartet,

langsamer Abbruch, sanftes Einschlafen,
leeres Niederschlagen der Augen,

sausende Stille
nach fallenden Scherben.

Tod, der niemanden schont,

Mörder, Tod, Sensenmann,
Schläger, Schlächter von Lämmern,

zierliche Schicksalsgöttin,
wo sind die Tausende hin,

wo ist der eine geblieben,
Tod, der niemanden schont?

Dahingegangen. Verschieden.

Was ich wollte,
was ich getan,
was man mir angetan,
was ich vertan,

was ungesagt blieb,
was unversöhnt,
was nicht erkannt wurde,
was ungebraucht blieb.

All das Beschämende:
Nimm es von mir.
Und daß ich dies war
und kein anderer.

Dieser Rest
vom Staub der Erde:
Dies war meine Liebe,
hier bin ich.

Sieh mich, Liebe,
verstoß mich nicht.

Erster und Letzter,
sei mir gnädig.

Leugne nicht
das Werk deiner Hände.

Diesen Menschen,
das Werk deiner Finger.

Augen, die mich suchen,
folgen, wie weit.

Ich gehe um eine Biegung,
woher kein Licht kommt,

keine Hand mich festhält,
kein Ohr meine Stimme erkennt,

keine Stimme mich grüßt,
kein Name mir gehört,

dorthin, wo kein Mensch ist,
dorthin, wo kein Gott ist.

Augen, die mich sehen.
die mich ansehen, dort.

Dieser Nachttag.
Dieser Berg von Abgrund.

Rette mich
vor dem Schwarzen, das herbeistürmt.

In deine Hände
empfehle ich meinen Geist.

Aber – nein. Ich will nicht.
Dies nicht. So nicht.

Dieser Lichttag.
Dieser Berg von Himmel.

Hülle mich
in das Weiß, das heranweht.

In deine Hände
empfehle ich meinen Geist.

Jetzt, für immer. Ich will dich.
Jetzt wohl, für immer so.

Beglichen, vergeben
wie eine Schuld.
Gott weiß, wie klein, wie groß,
unabänderlich
Haus, Hütte und Festung
dem Erdboden gleichgemacht.

Ich möchte Abschied von dir nehmen,
noch ein Wort
zufügen an mein Leben,
noch eben auferstehn vom Tod:

Wäre da ein Gegenüber, eine Lichtung,
von wo ich dich grüßte,
ab und zu,
ginge ich nicht ganz und gar verloren.
Würde etwas von mir, ich weiß nicht wie,
bestehen bleiben
und gereichen dir
zum Leben und zur Freude.

Wie Sonnenglut.
Wie Zweige an den Bäumen.
Wie Quellwasserflut.

Er wird abwischen
alle Tränen von ihren Augen,
und der Tod wird nicht mehr sein.
OFFENBARUNG 21, 4

ÜBER DIE HOFFNUNG

Psalm 14

Der Rücksichtslose, der niemanden anerkennt,
er spricht bei sich: Gott? Gott sagt mir nichts.
Grausames denken sie, Grausames tun sie,
niemand, der Recht schafft, niemand ist da.

Gott sucht vom Himmel mit seinen Augen
die Kinder des Adam; schaut, ob es noch einen gibt,
der mit dem Herzen Ihn,
mit dem Verstand Ihn sucht –
doch alle sind entgleist, niemand schafft Recht.

Haben sie denn kein Herz mehr, keinen Verstand,
diese Übeltäter, Menschenverschlinger,
daß sie nicht wissen wollen meinen Namen:
daß ich der Gott der Rechtlosen bin?

Du Rücksichtsloser, der du zuschanden machst,
worauf der Rechtlose hofft, noch lebst du –
Angst wird dich lähmen, doch sie werden leben,
unter dem Schutz meines Namens.

Vom Berg Sion wird einst tagen die Rettung,
Israels Segen – möge es wahr sein,
daß Er wird wenden das Los seines Volkes,
daß Jakob jauchzt, daß Israel lacht.

»Möge es wahr sein, daß er das Los seines Volkes wenden wird« – die Redewendung der Hoffnung. Psalm 14 ist das Lied eines hoffnungslos Hoffenden, der mit seinen Augen sucht, aber niemanden findet, der in seiner Aussichtslosigkeit so weit geht, daß er Gott selbst niemanden finden läßt, der gerecht ist – mit trostloser Hellsichtigkeit wird festgestellt, daß es niemanden gibt, nicht einen einzigen. Und dennoch: »Vom Berg Zion wird Rettung tagen«, heißt es in der letzten Strophe des Psalms, wenn die trostlose Hellsichtigkeit zu Hoffnung geläutert ist. Vom Haus des Namens, in dem die Tora wohnt und »wirkt«, geht seine Geisteskraft zu den Menschen. »Er hat dich, o Mensch, vertraut gemacht mit dem, was gut ist. Was verlangt er anderes von dir, als Recht zu tun?« So faßt der Prophet Micha die Tora zusammen. Es gibt Menschen, die wissen, was gut ist, und danach handeln. Und »Er« kennt ihre Wege.

Glaubst du an Gott? Ich hoffe auf Ihn, der in Psalm 14 von sich sagt, der Gott der Entrechteten zu sein. Die Welt gehört den Rücksichtslosen, denen, die niemanden anerkennen, dem »Toren«, biblische Sammelnamen für alle praktischen Gottesleugner, Menschenverschlinger, die – wie es scheint – die Geschichte machen. Und doch, sagt die Bibel, die als ganzes die Prophezeiung einer anderen, neuen Welt ist, gibt es eine andere Geschichte, die in die »Stadt von Gott« mündet.

In der biblischen Glaubensgeschichte wird Gott als der Seher desjenigen beschrieben, was Menschenaugen verborgen ist. So wie Er mich von vor meiner Geburt kennt (Psalm 139), so sieht Er alle und weiß. Er kennt die Zahl derer, die Gutes tun: Siebentausend haben in Israel ihre Knie vor dem Unrecht nicht gebeugt, macht Er seinem Propheten Elia deutlich, als dieser sich verzweifelt beklagt, als einziger treu geblieben zu sein. Tausende haben ihre Knie nicht gebeugt vor Pinochet. Gott glaubt an Menschen; Er hat sie zum Guten geschaffen, frei, um sich für Gerechtigkeit und Liebe zu entscheiden. Er geht davon aus, daß sie wachsen und sich bessern können, Er bleibt dabei, daß es möglich ist, Er gibt ihnen ein Vertrauen bis zur Unendlichkeit, Er hofft. Lieber naiver Gott.

2.

Es war einmal ein persischer König, der das Meer geißeln ließ, weil es, als er mit einer Flotte ausfahren wollte, tobte. Es war einmal eine Zeit, in der man Hunde, wenn sie jemanden gebissen hatten, vor den Richter schleppte, verurteilte und erhängte. Schau, wir tun das nicht mehr, weil wir wissen, daß der Hund und das Meer nichts dafür können. Ebensowenig wie das Meer und der Hund ist der Mensch frei, um zu wählen, was er tut.

Wer sich unbefangen die Menschen anschaut, der sieht, daß es nicht in ihrer Macht liegt, ihre Taten zu bestimmen. Der eine tut dies, der andere das, jeder nach seiner Art.

Und was der eine tut, heißt der andere schlecht; und umgekehrt. Und was du selbst tust, nennst du gut, natürlich. Freiheit? Es gibt keine Freiheit. Und daher auch keine Schuld. Und auch keine Verantwortlichkeit. Du konntest einfach nicht anders handeln, als du getan hast. Du bist ein Saukerl – das wird aus dem, was du getan hast, deutlich. Wenn du es nicht wärest, hättest du doch sicher etwas anderes getan.

Aber du kannst nichts daran ändern, du bist nun einmal so. Genau wie der Hund. Genau wie das Meer.

Wir können zwar einen »Moralkodex« aufstellen, an den wir uns selbst und die anderen sich halten müssen, ein System von Vereinbarungen, aufgrund einer Mehrheitsentscheidung. Aber wir müssen einsehen, daß dieser Kodex ebenso relativ ist, wie wir Menschen unfrei sind. Freiheit ist eine Illusion.

Aus Erfahrung kann man wissen, daß diese Überlegungen von Menschenkennern, Philosophen und Gelehrten nicht so wahr sind, wie sie selbst vorgeben zu sein. Es gibt Menschen, die deutlich machen, daß es nicht wahr ist. Jemand lebt, mit vielen oder wenigen Menschen in seiner Umgebung. Er wird gerufen: »Ich friere«, er antwortet: »Ich werde dich wärmen, hier bin ich.« – »Ich habe Durst«, ruft ein anderer. »Hier, trink.«

Jemand versucht, so gut wie nur möglich zu sein. Jemand möchte ein anderes Leben, weil es so, wie es ist, nicht bleiben kann. Jemand will einen neuen Himmel und eine neue Erde, nichts weniger. Jemand nimmt sich die Freiheit, das zu wollen.

3.

In der biblischen Glaubensgeschichte wird gegen eine große Anzahl von belastenden Fakten durchgehalten, daß Freiheit keine Illusion ist. Aufgrund der Kenntnis anderer Fakten, aufgrund eines Vermutens, der »Hoffnung«. Der Gott, der alle Herzen durchgründet und alle Wege kennt, weiß es besser; und von diesem Besserwissen sind die Propheten das Sprachrohr. Sie schauen mit Ihm mit.

Beten, die Tora nachdenken – einüben – einatmen, das ist eine »geistliche Übung« im »Sehen so, wie Gott sieht«. Übung in der Hoffnung.

»Die ganze Vergangenheit streckt sich nach der Sonne der Erlösung, die am Himmel der Geschichte im Begriff ist aufzugehen«, schrieb Walter Benjamin, der »marxistische Rabbi«. Das steht ganz im Geist der biblischen Propheten. Von Ezechiel, der seine Stadt der Zukunft »Gott wohnt hier« zu nennen wagte; von Jesaja, der es wagte, eine neue biblische Erde bis in die Details zu beschreiben.

Das aber darfst du erst als die Zusammenfassung deiner geläuterten Hoffnung aussprechen, wenn du durch alle Fakten hindurchgegangen bist – alle Fakten, die etwa in Yad Vashem, dem Gedenkhaus der Shoah, in Jerusalem dokumentiert sind.

4.

Der jüdische Kulturphilosoph und Sprachwissenschaftler George Steiner, der aus Österreich stammt, hat versucht, durch all diese Fakten hindurchzugehen. Er hat den Versuch unternommen, sie zu analysieren, in seinem Buch »In Blaubarts Schloß«.

Er schreibt die Geschichte »unserer« jüdischen Vergangenheit und beginnt bei der Französischen Revolution: »Erwartungen des Fortschritts, der sozialen und persönlichen Befreiung, erschienen plötzlich in greifbarer Nähe« – »Unrecht, Aberglaube und Armut müssen jetzt ausgerottet werden«. Er nennt das »die Invasion des Tagesanbruchs«.

Darauf folgt, so sagt er, eine lange Periode der Reaktion und des Stillstands. Die Bürger nahmen die Revolution in Besitz und schlugen ihren eigenen ökonomischen Vorteil aus ihr. Er nennt das »das abrupte Zuziehen der Vorhänge gegen das Morgenlicht«. Er konstatiert die Entwicklung der Massenfabrikation, das Wachstum des monetär-industriellen Komplexes und der modernen Stadt: die zweite Hälfte des 19. Jahrhunderts. Die Literatur entwickelt das Thema »Entfremdung« und hegt Phantasien zum Thema »die verwüstete Stadt«; und beschreibt »die Leere«.

»Die Kombination einer außergewöhnlichen ökonomischen und technischen Dynamik mit einem großen Maß erzwungener Unbeweglichkeit auf sozialem Gebiet mußte zu einem explosiven Gemisch führen: Heimweh nach Katastrophen.« Er verweist auf Flauberts Verlangen nach Barbarei, als Reaktion auf die Leere, Langeweile und frustrierte Energie.

Unmißverständlich, sagt Steiner, manifestiert sich »ein Drang zur Katastrophe«, in weitverbreiteten Phantasien über universelle Vernichtung. »Aber nur wenige sahen bereits voraus, in welchem Ausmaß die Schlachtung stattfinden würde.« Ihre unbewußte Planung, »das Abenteuer«, hatte »seine eigene Logik, außerhalb des Verstandes und der menschlichen Bedürfnisse«.

Das Abenteuer endet in der massenhaften Vernichtung der Juden. Dieser Mord war nicht nur das Ergebnis individueller Pathologie (Hitler) oder der Neurose einer Nation (Deutschland).

In seiner Analyse der Geschichte, die zum Shoah führte, kommt Steiner zu einer anderen Erkenntnis: In der europäischen Welt wird seit Jahrhunderten der Gedanke »der Hölle« gehegt: »die materielle Wirklichkeit des Unmenschlichen wird in der westlichen Ikonographie unendlich ausgearbeitet«. In den Phantasien über die Hölle, sagt Steiner, »finden wir die Technologie des sinnlosen Leidens, der endlosen Bestialität, des willkürlichen Terrors. Sechshundert Jahre lang beschäftigte sich die Vorstellung mit dem Häuten, dem Foltern und dem Verspotten der Verdammten, in einem Ort des Geißelns und der Höllenhunde, der Vergasungsöfen und der faulenden Luft«. Nun: Die Todeslager des zwanzigsten Jahrhunderts »sind die wohlüberlegte Inszenierung einer langen und genauen Phantasie. Über die Lager gibt es eine weitläufige Literatur. Kein einziges Werk aber erreicht die Vollkommenheit von Dantes Beobachtungen. In den Lagern wurde die tausendjährige Pornographie der Angst und Rache verwirklicht, die im westlichen Geist durch die christliche Doktrin der Verdammung kultiviert war«.

Ist aber, seit der Französischen Revolution und der Aufklärung, der Glaube an den Himmel und die Hölle nicht in zunehmendem Maß aus dem Erleben der Menschen verschwunden? Sicher, sagt Steiner grimmig, »wer weder Himmel noch Hölle hat, muß sich entsetzlich in Verlegenheit und verloren fühlen, in einer rauher gewordenen Welt. Von diesen beiden Bildern erschien das der Hölle am ehesten wiederherstellbar. Ihre Abbildungen waren doch immer am detailliertesten gewesen. Weil wir die Hölle nicht entbehren können, haben wir gelernt, wie wir sie auf der Erde bauen und in Bewegung halten können«.

War die Shoah das Ende eines jahrhundertelangen historischen Prozesses? Nein, meint Steiner, »es besteht kaum eine Methode der Erniedrigung und des Schmerzes, die im Augenblick nicht irgendwo auf individuelle Menschen und Gruppen angewendet wird«.

Er schrieb das 1971. Und er stellte sich die Frage, ob der Mensch nicht für immer die Menschlichkeit und Verstandesgemäßheit abgetreten hat – »vielleicht gehören die zu der vergangenen Geschichte der Hoffnung«.

Der letzte Teil seines Abstiegs in die Geschichte heißt »Morgen«. Darin schreibt er über die »trostlose Hellsichtigkeit«, die uns zuteil geworden ist: Wir können nicht mehr die Träume der Unwissenheit wählen. Wir müssen lernen, mit einem durch den Schmerz geschärften Bewußtsein zu leben.

5.

Eine kirchliche Gemeinde, die es auf sich genommen hat, »von der Hoffnung Zeugnis abzulegen«, muß ihr Bewußtsein durch die Tatsachen, die George Steiner ans Licht bringt, prägen lassen, und durch die Verbindungen von Ursache und Wirkung, die er suggeriert. Und sie muß bereit sein, mit einem von Schmerz geschärften Bewußtsein zu leben.

Trostlose Hellsichtigkeit.

Aus den prophetischen Büchern der Bibel spricht ein hellsichtiges, voraussehendes Bewußtsein. Sie warnen uns, damit wir das verhindern, das – sollte es noch einmal geschehen – wiederum irreparabel sein wird; sie versuchen, in uns ein neues, geläutertes Bewußtsein zu bilden.

In die Geschichte hinabsteigen und durch alle Fakten hindurchschreiten, das ist hinabsteigen in die

Unterwelt, in ein Totenreich. Ein Mensch kann das nur, wenn er hofft, eine Geliebte zu finden, die aufs neue zum Leben erweckt werden kann. Orpheus stieg so hinab. Und so wird in der ältesten christlichen Ikonographie auch Jesus ein einziges Mal dargestellt, als Orpheus ins Totenreich hinabsteigend – »der abgestiegen ist zur Hölle«, steht im allgemein verwendeten christlichen Glaubensbekenntnis.

Wie heißt die Geliebte, die wir zu finden hoffen? Heißt sie »Menschheit«? Gib ihr alle Namen unserer denkbar möglichen Kinder zusammen – so soll sie heißen. Gott selbst nennt sie mit dem Mund von Jesaja »neuer Himmel, neue Erde«.

6.

Jesus von Nazaret war ein Seher im Geist Gottes, in der Tradition Jesajas. Er lehrte die Menschen, »im Verborgenen« zu beten; er wußte, daß Menschen im Verborgenen ihr Brot teilen, einen Becher Wasser an die Geringsten zu trinken reichen, er ermutigte sie und sagte, daß sie durch ihren »Vater, der im Verborgenen sieht«, belohnt werden mit dem heiligen Geist des Ausharrens. Und er wußte, daß es unzählige einfache Menschen gibt, die die Buchstaben der Tora nicht entziffern können, aber in ihrem Geist leben, eine »verborgene Gemeinde« der Geringen, in Ängsten und Unsicherheit verwickelten Menschen, die das Einfachste mit ungewöhnlich großer Liebe tun, einander stützen, vergeben; die das Böse aufzuhalten, das Los für ihre Kinder zu wenden suchen. Er wußte, wie die Armen und Rechtlosen einander beistehen – ungeschriebene Geschichte der Treue auf Leben und Tod; und wie diese Geschichte schließlich gewinnen wird, einst, trotz allem, gegen die Menschenverschlinger.

So wie alle Propheten vor ihm ist auch Jesus durch die Realität hindurchgegangen, und die war in seinen Tagen von einer Grausamkeit, die wir heute Genozid nennen. Das Evangelium läßt ihn in seiner letzten großen Rede über die »Greuel der Verwüstung« sprechen, den kommenden Untergang Jerusalems und des Tempels – der Realität wurde im Jahr 70.

Auch in der hier folgenden Version des Lukas (21, 20–36) steht dieser Untergang von »Israel« für den Untergang »der Welt«.

In jenen Tagen sprach Jesus diese Worte:
Wenn ihr aber seht, daß rund um Jerusalem
die Heerlager stehen,
wißt, daß dann ihre Verwüstung bevorsteht.
Die dann in Judäa sind,
heißt sie in die Berge flüchten,
und die in ihr sind, wegziehen,
und die sich auf dem Land befinden,
nicht in sie gehen.
Denn diese Tage sind Tage der Vergeltung,
in denen erfüllt wird, was geschrieben steht.

Wehe in diesen Tagen
den schwangeren Frauen und denen, die stillen:
Denn es wird eine große Drohung über der Erde
hängen und Wut gegen dieses Volk.
Die Schärfe des Schwertes wird sie fällen;
sie werden verschleppt werden
unter alle Völker;
zertreten durch die Völker
wird Jerusalem,
bis die Zeiten der Völker erfüllt sind.
Es wird an der Sonne,
am Mond und den Sternen
zu erkennen sein, furchtbar.
Und auf der Erde unter den Völkern:
Panik wegen des Donnerns der See
und ihrer Brandung.
Die Menschen werden vor Angst vergehen,
im Angesicht dessen,
was über die Erde kommen wird.
Und wanken werden die Grundfesten des Weltalls.
Dann aber auch werden sie sehen
den Menschensohn, der kommen wird
auf einer Wolkensäule,
mit Macht und in einem großen Licht.
Wenn das alles geschehen wird,
richtet euch dann auf,
steht, mit gehobenem Haupt –
denn jetzt kommt eure Befreiung.
Und er gab ihnen diese Parabel:

Seht den Feigenbaum und alle Bäume:
Wenn sie ausschlagen, und ihr seht dies,
dann wißt ihr, daß der Sommer nicht mehr weit ist;
so auch, wenn ihr das alles geschehen seht,
wisset, daß dann Gottes Königreich nahe ist.
Ja, ich sage euch:
Sie, die jetzt leben,
werden nicht sterben, bevor das geschehen ist.
Der Himmel, die Erde, sie werden vergehen.
Aber meine Worte werden es nicht.
Wacht über euch selbst –
daß euer Herz nicht träge wird
vom Essen und Trinken,
daß ihr nicht in einem Rausch
des Grübelns und Schnatterns lebt;
damit dieser Tag nicht wie ein Vogelfangnetz
über euch flappt, unerwartet.
Denn er wird kommen
über alle, wo sie auch sitzen,
über den ganzen Anschein der Erde.
Darum seid wachsam,
zu jedem Moment des Tages,
und betet,
daß ihr stark genug sein möget,
zu entkommen allem,
was geschehen wird, bald;
und daß ihr stehen möget, aufrecht,
Aug in Aug mit dem Menschensohn.

Das ist keine trostlose Hellsichtigkeit, sondern ein durch Schmerz geschärftes Bewußtsein, das die Hoffnung nicht aufgibt. Was »Hoffnung« ist, wie man es macht: mitten in den Tatsachen stehen und trotzdem – das wird hier gesagt. »Wachen und beten« sind hier Umschreibungen von »hoffen«. Paulus hat im ältesten Zeugnis seines Glaubens (in seinem ersten Brief an die Ekklesia von Saloniki) diese Worte erklärt: »Kinder des Lichtes, Kinder des Tages, nicht der Nacht und der Finsternis. Darum, nicht schlafen wie so viele andere, sondern wach bleiben und nüchtern. Wir, die wir das Tageslicht bewohnen, müssen wachsam sein; bekleidet und bewaffnet mit dem Glauben und der Liebe und dem Schild des Vertrauens und voll der Hoffnung auf Rettung. Gott hat uns nicht dazu bestimmt, um mit dieser Welt unterzugehen, sondern uns vor dem Abgrund gerettet, um eine neue Schöpfung zu sein.« Oder (wie der Autor des Buches der Offenbarung die Buchrolle des Jesaja zitiert): »ein neuer Himmel und eine neue Erde«.

»Auge in Auge mit dem Menschensohn«: a pari, auf gleichem Fuß mit, dem Menschensohn in nichts nachstehend. Wer ist er? Er ist es, der für alle und jeden steht, er ist adam – schließlich-doch-noch-Mensch-geworden. Er verkörpert eine erwachsene Menschheit. »Erwachsen«, unter allen Tatsachen

hindurchgegangen, durch alle Schrecken hindurch-
gewachsen. Der Menschensohn hat das Erbe der
Menschheit durchlebt und durchlitten, die ganze
Geschichte, die der Grausamkeiten und die der Liebe, und er hat die Hoffnung bewahrt.

Wir wachen, und wir beten, um einmal, eines Tages
(am Tag, der kommen wird), Auge in Auge mit ihm
zu stehen – dann werden alle Menschen aller Zeit
Auge in Auge miteinander stehen. Und dann inein-
ander Augen lesen, was wir wissen, und keine Worte
brauchen – es wurde bereits gesagt, unvergänglich
herrlich, durch einen Dichter-Propheten aus der
Schule des Jesaja (65, 19–25), der »das Lied vom
neuen Himmel und der neuen Erde« schrieb:

Dort hört man keine Stimme mehr, die weint,
keine Stimme des Geschreis.
Kein Säugling wird dort mehr,
schon nach ein paar Tagen, sterben;
kein Alter wird dort mehr frühzeitig sterben:
Junge Menschen sterben dort erst mit hundert –
nicht hundert zu werden bedeutet: verflucht sein!
Sie bauen Häuser und bewohnen sie,
sie pflanzen Weingärten und essen die Früchte.
Sie bauen nicht mehr, und andere wohnen dort,
pflanzen nicht mehr, und andere essen es auf.
Ihre Lebenstage
sind wie die Tage der Bäume, so viele,
so viele für mein Volk.

Mein Auserwählter wird selbst
vom Werk seiner Hände genießen.
Sie werden sich nicht für eine Leere plagen,
keine Kinder für die Vernichtung gebären.
Sie sind ein Geschlecht, das meinen Segen genießt,
meinen Segen, sagt Er –
und auch ihre Nachkommen.
Es wird geschehen, sagt Er,
daß ich antworte, noch bevor sie mich rufen;
sie sprechen noch – und sind schon erhört.
Der Wolf und das Lamm
werden zusammen grasen,
und der Löwe frißt Heu wie eine Kuh;
und die Schlange frißt Staub,
als ob es Brot wäre.
Niemand, auf meinem ganzen heiligen Berg,
wird Böses tun,
und niemand stiftet Unheil,
sagt Er,
sagt Er, der sein wird.

Sein ist die Zukunft,
es komme, was kommt,
Licht, das nicht verlöscht,
Liebe, die bleibt.